I0843031

DOS CONFERENCIAS
SOBRE EL AMOR

FERNANDO JIMÉNEZ HERNÁNDEZ-PINZÓN

PRIMERA CONFERENCIA:

"EL CEREBRO ENAMORADO

(Neuropsicología del Enamoramiento y del Amor)"

El título que le he puesto "El cerebro enamorado" es como un rótulo luminoso, con luces fluorescente, bajo el que pretendo dar respuesta (respuesta inevitablemente incompleta) a una cuestión compleja, misteriosa en cierto sentido y absolutamente fascinante: ¿Qué es enamorarse? ¿En qué consiste estar enamorado? ¿Cuál es la clave de ese proceso psico-neuro-endocrino-biológico: todos estos sistemas vitales intervienen en eso que entendemos por "enamoramiento", por enamorarse, esa ciclgénesis explosiva de la mente, y de toda nuestra realidad psico-corporal, ese "rayo que no cesa" (como el título del libro de Miguel hernández), ese estado tan especial, mágico, exaltado, gozoso, fruitivo…, y doloroso muchas veces al mismo tiempo, que es "estar enamorado/a"?

¿En qué consiste ese fenómeno vital, del que todos tenemos alguna experiencia y algunos y algunas la tienen con abundancia?

Y como hipótesis inicial, lo que quiero primeramente dejar asentado y elucidar, sacar a la luz, mi primer enunciado es que antes, incluso mucho antes, a veces, de que una persona, de que tú, tomes consciencia de estar enamorado o enamorada, de que esa persona, distinta a ti, te gusta, te fascina, te embelesa, te enloquece, quieres que sea tuya para toda la vida, y origina en tu interior ese tumulto de sentimientos y sensaciones desbordantes… ya antes el cerebro la había encontrado, sin que tú lo supieras, y había hecho una serie de operaciones que te llevaron a ella, o a él, a esa persona y a todas las emociones, sensaciones, pasiones, fruiciones y estremecimientos que esa persona te reporta.

Esto responde a un principio de la neuro-psicología moderna: que el cerebro decide antes de que el Yo lo sepa. Aunque el Yo -esto es importante- tiene la capacidad de modificar o de corregir o de suspender la decisión del cerebro. En eso consiste la libertad, la libertad intrínseca, la liberad interior. Las libertades exteriores te la podrán conceder o facilitar, pero nunca serás verdaderamente libre si no te liberas a ti mismo o a ti misma, si no construyes tu libertad interior.

Lo voy a explicar con un ejemplo tomado de la tecnología aérea, de la aeronáutica: el avión va volando con *control automático,* va haciendo automáticamente una serie de operaciones de adaptación y avance, automáticamente, mientras el piloto ni se da cuenta: quizás dormita o habla con en el ayudante de vuelo. Pero al acercarse a la pista de aterrizaje, el piloto desactiva el control automático, toma el *control manual* y realiza unas nuevas operaciones, ya sobre el terreno automáticamente buscado, acciones que completan, a veces corrigen o ajustan el movimiento y alguna reacción del avión para finalmente echarse a descansar en la pista, en el lugar y en el momento decidido por el piloto, bajo su total responsabilidad…, y también a veces decide retomar el vuelo y se escapa, porque aquella pista no era adecuada, no era la suya, la conveniente, o porque percibió alguna señal de peligro.

Bueno, pues el enamoramiento es como avistar, avizorar, una pista de aterrizaje, iluminada, maravillosa y mágica, y consiste en esa toma de consciencia y de control, para terminar echándose sobre la pista de descanso, pista que es también de despegue hacia la plenitud del amor, amor en el que descansamos, nos transporta al cielo, y que hasta nos diviniza. "Soy un ángel con grandes alas de cadena", así termina un soneto de Blas de Otero, de su libro *Ángel fieramente humano*".

 Somos los humanos libres y esclavos al mismo tiempo. Somos relativamente esclavos, encadenados a los procesos automáticos de nuestro organismo somato-psíquico, pero también somos relativamente libres. La naturaleza que es sabia, o Dios a través de ella, nos ha dotado de la libertad plena de soñar y de desear, y de la libertad relativa, relativa y restringida, para poner en práctica nuestros sueños y nuestros deseos.

Pero este poquito de libertad que nos queda en la práctica

es lo más importante, lo único que nos justifica como humanos, lo que nos responsabiliza, lo que nos autorrealiza existencialmente, y, como acabo de decir, lo que también nos diviniza. "Soy un ángel", puedo volar, pero me siento encadenado. Así somos. Los dos aspectos, como las dos caras de una misma moneda humana: Libres para volar como los ángeles, y esclavos de nuestra naturaleza material y de todas sus servidumbres intraorgánicas. Este es un principio elemental del que parte toda la psicología y toda la psicoterapia humanista: de nuestra doble condición humana, su grandeza y su servidumbre.

Pero en lo que quiero insistir, en este momento, es en que **hasta allí, hasta la pista de aterrizaje donde tomamos el control en lucidez y en libertad, hasta allí habíamos ido arrastrados**. Hasta allí no éramos libres, a rastras íbamos, y ni nos dábamos cuenta.

¿Arrastrado por quién? ¿Cómo? ¿Para qué?

A esto es a lo que pretendo dar ahora alguna respuesta de clarificación:

Y para eso os voy a proponer ahora que hagamos entre todos un ejercicio mental: un ejercicio de visualización y de observación imaginativa, fenomenológica. Vamos a crear mentalmente una situación imaginaria: una reunión social, la celebración de una boda, por ejemplo. y veremos que ocurre algo allí, en todas las bodas sucede, algo aparentemente aleatorio y caprichoso… Vamos a empezar observando imaginariamente a las personas que hay en la sala, con sus trajes especialmente seleccionados para el acto, hombre, mujeres, algunos vagan solos, otros están reunidos en `pequeños grupos, veo caras conocidas, otros desconocidos, quiero acercarme a unos, eludo a otros, muchos me son indiferentes…. De pronto me fijo en alguien que acaba de llegar, María se llama, vestida y adornada con toda la gama de los colores violeta: malva, morado, lila…, ¿la véis?, con zapatos muy altos que hacen juego con los pendientes y con el color de sus ojos. La veo echando una mirada a la sala, se acerca una amiga, Rosa, se besan sin rozarse (para no estropear el maquillaje): "estás monísima", "qué traje más ideal", "anda que tú". etc. De repente observo que su mirada, la mirada de María, se fija en un jóven que acaba de llegar y que, al parecer, le produce un efecto especial, es Pedro: veo cómo Pedro y María se se cruzan miradas sutiles, despué sonrisas, observo cómo Pedro ensaya un acercamiento, ella lo espera, salen a bailar, nuevas sonrisas, roces disinulados, risas locas, besos… Al cabo de poco más de un año, los amigos reciben la invitación para la próxima boda de Pedro y María y, pocos meses después, nueva invitación al bautizo de su primer hijo.. Qué le llevó a Pedro a fijarse en ella, a acercarse a ella?, ¿qué le llevó a María a electrizarse con esta mirada de Pedro?, ¿ que les llevó a ambos a no separarse de ella durante toda la noche? ¿Por qué se fijó en María, y no se fijó en Rosa, la amiga que tenía al lado, que incluso era más guapa y tenía un vestido más bonito? "¿Qué tiene ella que no tenga yo?", pensaría quizás Rosa. ¿Por qué María no se fijó en otro de mos muchos jóvenes que había en la sala?.

Pero para responder a esto, quiero recordaros antes una lección elemental de biología genética , que todos habéis estudiado, para que veamos por qué existen esa disposición o predisposición para el aterrizaje amoroso, o mejor, cuás es el mecanismo biológico-genético que predispone al enamoramiento. Porque esto que sucede (lo que hemos descrito) en el plano de las relaciones humanas, del macrosistema social, ya había sucedido antes en el microsistema del cerebro humano.

Sabéis que la fecundación humana se produce después de que un ovocito de la mujer se une con un espermatozoide del hombre, o que un espermatozoide del hombre se integra en un óvulo de la mujer. Bueno, pues cuando se unen estos gametos, que así se llaman (como si dijèramos "estos chavales"), es decir, cuando se casan estas dos células, en matrimonio germinal, y el cromosoma #21 X se aparea con el cromosoma #21 Y, resulta el cigoto, palabra griega que significa el unido, el uncido, el integrado, es decir: una nueva criatura en evolución, que es el óvulo fecundado, con los 46 cromosomas que completan cada célula de la especie humana. Cada especie tiene un número fijo de cromosomas en sus células (los cromosomas contienen el ácido nucléico que se fragmenta en genes). La orquídea silvestre, por ejemplo, solo tiene 4 cromosomas. Nosotros, cada uno de nosotros, la especie humana, tenemos 46. Pero las células de fertilización, las sexuales, las gonadales, se dividen en la mitad, mitad para el hombre, 23 en el espermatozoide, mitad para la mujer, 23 en el óvulo. 23 cada uno, por lo cual necesitan unirse para que sumadas en el óvulo fecundado por el espermatozoide hagan las 46 necesarias para que haya vida humana en la nueva criatura en evolución.

Cuando hay una **mala unión, que sucede a veces, una unión inadecuada**, porque, por ejemplo, se introduce un tercer cromosoma en la pareja, se produce el fallo, la enfermedad, en este caso del tercer cromosoma, el mongolismo, que no es otra cosa, biológicamente, que un óvulo fecundado con un cromosoma de más: 47 cromosomas en vez de los 46 justos.

Lo que he querido dejar en claro es que, también a nivel del microsistema, los cromosomas de las células germinales, masculina y femenina, los gametos, también ellos buscan su pareja para unirse, y que también elijen, siguiendo un proceso bio-eléctrico de selección, de atracción y de rechazo, esos flujos electromagnéticos que propician una sintonía emocional, singular y mágica, que llamamos enamoramiento… Pero que, a veces, también yerran y se unen parejas inadecuadas…, exactamente igual que nos pasa a los seres humanos completos, aunque en los humanos esto sucede en un estrato del cerebro dotado de conexiones celulares de mucha mayor complejidad. Todo esto confirma el primcipio cientifico de que el Microsistema no hace más que repetir lo que antes ejecuta el Microsistema.

Y vuelvo a hecr la pregunta: ¿Por qué se enamoró María de Pedro y Pedro de maría? ¿Por qué, aplicándolo a nosotros mismos, yo me enamoré de esta o de este, y no de esa o de ese otro?
Os voy a dar dos respuestas:

Primera respuesta: Porque no no soy yo, no somos nosotros –nuestro ser consciente- quien elije primeramente, en principio. Porque es una computadora neuronal que todos llevamos en la cabeza, un autoregulador neuro-cerebral, una especie de piloto automático que buscaba tomar tierra, y allí vio las señales de que era la pista adecuada para él. ¿Cuáles son esas señales? Son las señales que emite el fenotipo de la otra persona (igual que el fenotipo de las aves con sus cantos y sus colores): es su rostro, el de la otra persona que nos atrae, su aspecto, su movimiento, su voz, quizás su olor, su aroma, esparcido en el aire por las feromonas ((que algunos animales captan olfativamente desde muy largas distancias). Es el color de los ojos, el tacto de su piel, su parpadeo, su risa, su sonrisa, "ese lunar que tienes, cielito lindo, junto a la boca"…. Y es entonces cuando el cerebro, al recibir esas señales, ese input singular de la otra persona, se enciende con todas sus luces y emite un concierto de sensaciones arrebatadoras… que es lo que se conoce por "enamoramiento", "el cerebro enamorado", esa flauta mágica que nos hechiza con su ritmo y nos hace bailar a su son, o esa "ciclogénesis explosiva" que nos arrasa por completo. Os voy a leer un pasaje del autor japonés Murakami, tomaddo de uno de sus libros, *Los sauces ciegos*, que casualmente he estado leyendo en estos días:

"La vida de Tony Takitani discurría de una manera extremadamente tranquila y apacible. 'No creo que me case nunca', pensaba Tony. Sin embargo, un día, de repente, sin previo aviso, Tony se enamoró. Sucedió de forma tan inesperada que parecía increíble. Ella era una empleada a tiempo parcial de una editorial, que había ido a su estudio a recoger unas ilustraciones. Tenía veintidós años. Mientras estuvo allí, luciósiempre una serena sonrisa en los labios. Tenía un rostro agradable y simpático, pero, mirándola con objetividad, no se la podía considerar una belleza. Sin embargo había algo en ella que golpeó con violencia el corazón de Tony Takatani. Desde que la vio por primera vez sintió una opresión en el pecho que casi le impedía respirar. No sabía qué tenía aquella chica que le había asestado un golpe tan fuerte. Pero aunque lo hubiera sabido, no podía explicarse con palabras. Además también se sintió atraído por su modo de vestir. A él no le interesaba

demasiado la ropa y tampoco se fijaba en cómo iban vestidas las mujeres, pero sin embargo se que dó profundamente admirado al ver cómo aquella chica sabía llevar la ropa. Incluso puede decirse que lo conmovió. Había muchas mujeres que vestían con buen gusto. Muchas que iban más elegantes que ella. Pero el caso de aquella chica era diferente. Ella vestía con tanta naturalidad, con tanta gracia, que parecía un pájaro envuento por un aire especial que se dispusiera a alzar el vuelo hacia otro mundo. Nunca había visto a nadie que llevara la ropa con tanta alegría. Incluso la ropa, al envolverla, adquiría una vida nueva. Ella le dio las gracias y se marchó. Pero incluso después de que ella recogiera el trabajo y se fuera, él quedó sin poder pronunciar una palabra, . Permaneció sentado ante la mesa, aturdido. Incapaz de hacer nada, hasta que anocheció y la habitación quedó a oscuras.

Al día siguiente llamó a la editorial y se inventó la primera excusa que le vino a la cabeza para que ella tuviera que volver a su estudio. Después del trabaj la invitó a comer. Mientras, charlaron de cosas sin importancia.. Pese a llevarse más de quince años,

Bueno, a veces, el impacto no es tan claro, no se produce siempre ese estallido de amor a primera vista. Y eso ocurre porque no siempre es tan completo ni tan evidente el input que trasmiten a los receptores, y porque el cerebro va procesando alternanativamente las cargas moleculares de atracción y de rechazo: me encantan los ojos, pero me choca el gesto, o el tono de la voz etc.

Hasta aquí, este funcionamiento es bastante homogéneo con el que se da en otras especies en su apareamiento. Todo esto sucede y se desarrolla en una zona antigua del cerebro en evolución, que se llama paleo-cortex, que es común con el cerebro de los animales. Pero el animal humano, el "animal rationalis" de Aristóteles, se diferencia en que ha creado y desarrollado una nueva región en el cerebro, que se llama neo-cortex, con sus lóbulos prefrontales, dotada de circuito de neuronas mucho más amplio, más complejo y más efectivo, que le permite, a diferencia de otras especies

-primero, **ser consciente, tomar cosnciencia de lo que está pasando,** llegado un momento del proceso, el momento que hemos metaforizado como "aterrizaje". Es lo que Murakami ha descrito tan claramente en el texto que hemos leído.

-segundo, **comprender** el sentido de lo que hace, por qué lo hace, lo que podrá ocurrir si lo hace, y lo queocurriría si no lo hiciera..

-y tercero, decidir, decidir lo que quiere hacer con decisión consciente, inteligente, voluntaria, responsable, es decir: con libertad.

Ser consciente, comprender y decidir. Estos no lo tiene otras especies. Estamos en un plano nuevo genético-evolutivo.

Siguiendo con la metáfora del piloto de avión, que venía navegando en modo de piloto automático, cuando cambia repentinamente a control manual para responzabilizarse del aterrizaje en el lugar que ha elegido. Ya estamos en otro nivel funcional.

Quiero decir que llegado a un punto de toma de cosnciencia, ya no solo las neuronas responden al estímulo, igual que los mamíferos inferiores, sino que el Yo personal que se configura desde el neo-cortex del cerebro humano, asuma la potestad de decidir y la responsabilidad de sus actos y de sus consecuencias.

Y ahora viene la segunda respuesta: ¿Por qué Pedro, el Yo de Pedro, se comprometió con Maria, y María con Pedro, ya conscientemente, hasta tomar la decisión consciente y responsable de hacer entre ellos una sola carne y un compromiso vital mutuo "hasta que la muerte nos separe", con la autenticidad del verdadero amor humano, del "Yo enamorado", mucho más consistente y transcendente que "el cerebro anamorado" por muchas luces y notas musicales que este emita?

Hemos pasado de el "cerebro enamorado" al "yo enamorado" y, como os vengo diciendo, hasta aquí el proceso había sido inconsciente y, en muchos casos, termina ahí. Las personas se despiden y al día siguiente cada uno le cuenta a sus amigos o amigas lo bien que lo habían pasado en la boda, con aquella persona hasta entonces desconocida, que lo había tenido fascinado o fascinada, durante toda la noche….

Pero en otros muchos casos, como en este de Pedro y María, el proceso continúa y se acrecienta, y empieza a registrarse funcionalmente en el otra zona del cerebro, ¿por qué? por la fuerza de unos impulsos emergentes y hasta desosegadores, impulsos "fieramente humanos", que empujan ansiosamente a la voluntad, a la voluntad ya consciente, la impulsan a la búsqueda, al encuentro, al roce, al abrazo… a la presencia permanente, a veces obsesionantes, en el pensamiento, en la fantasía, pero sobretodo en el encuentro tangible, el roce material y físico, con los ojos, con el tacto, con el olfato… "Descubre tu presencia / y máteme tu vista y hermosura / mira, que la dolencia / de amor, que no se cura / sino con la presencia y la figura"… así lo cantó San Juan de la Cruz, en su poema de amor divino.

¿Por qué es esto así? Pues es así por algo que está sucediendo al mismo tiempo a nivel fisiológico. Que, a medida que nos hemos ido acercando a esa persona, el cerebro, que ya estaba "enamorado", ha ido estimulando a las glándulas endocrinas para que segreguen unas sustancias químicas, las hormonas (del verbo griego *hormao* que significa impulsar, tender a) generadoras de un placer indescrptible. Son, entre otras , las ENDORFINAS y las OXITOCINAS. La Oxitoxina es la misma hormna que segrega la madre en el momento del parto, y tambйén en el amamantamiento, para reforzar los lazos de amor y de ternura con el niño, que es la priemra experiencia de placer en el amor de un ser humano.

La Oxitocinas son conocida hoy como la molécula del amor y del placer, es la que posibilita la subida de la leche y la relajación de los músculos en el parto. Es una hormona gozosamente facilitadora, que facilita también la humidificación vaginal y la lubrificación en el coito.

Estas sustancias hormonales se absorven en un lugar específico del cerebro donde otras células nerviosas la reciben como recibiría al agua fertilizante la tierra seca y la arena ardiente del desierto, y le hacen sentir una sensación enorme de gusto, de placer, de deleite, que se expresa en exaltación, una alegría y un gozo desbordante y sosegado al mismo tiempo. "Déjeme y olvideme / mi rostro recliné sobre el amado…" , sigue cantando el diino Juan de la Cruz.

Dos imágenes prototípicas, emblemáticas, incluso interconectadas, del amor y del deleite en el amor: Primer prototipo del amor: El bebé descansando sobre el pecho de su madre, sonrosado y plácido.
Segundo prototipo: la pareja de amor descansando una persona en la otra.
Dos imágenes paralelas, significativas del amor, y de alguna manera la primera condicionate de la segunda.

¿Sabéis que las endorfinas se llaman también endomorfinas? Y es que las endorfinas son como una droga natural. Así lo expresa el nombre, endomorfinas, morfinas de dentro, por el efecto parecido al del opio, el alcaloide de las amapolas, y que producen, igual que las sustancias adictivas, que las células nerviosas descarguen estímulos electricos altamente placenteros: estimulan, dan bríos, colman de alegría, te elevan a viajes espaciales imaginarios… Así pasa con las drogas y así pasa con el enamoramiento: estimula, da bríos, colma de alegría, te eleva a viajes espaciales…

Pero de la misma manera que pasa con las drogas, el organismo humano sufre las consecuencias de un penosísimo y a veces terrible "síndrome de abstinencia" por la carencia de estas sustancias cuando los estímulos productores de la segregación de estas hormonas desaparecen.

Dice el maestro Freud que "nunca el ser humano es tan desesperadamente desdichado, como cuando se le ha roto el vínculo amoroso y ha perdido al objeto de su amor". Esta desdicha vital y desesperante es la que experimentan las personas enamoradas a las que se les rompe el amor y, con él, el corazón. Y entre otras razones, alguans quizás más profundas de esta desdicha, está también, sin duda, la desesperación por el "síndrome de abstinencia" que provoca en todo el organismo la abstinencia de esos estímulos neurotrasmisores que lo había mantenido, hasta entonces, entonado, estimulado y feliz. "Porque en noches como estas/ te tuve entre mis brazos/ mi alma no se contenta con haberla perdido", Así sollozaba, ahogándose en su desdicha, Pablo Neruda.

La presencia selectiva del ser querido es un potentísimo generador de endorfinas y encefalinas: serotoninas, oxitocinas…, las cuales además de causar gozo, producen una nueva cascada de hormonas sexuales, para otro proceso de amor que es la fecundación.

Cuanto mayor es el contacto de la pareja enamorada, los susurros amorosos, las caricias, los besos, los abrazos, los apretones, el encuentro íntimo… más fuertemente, más acuaciadamente, se estimulan, hasta llegar lo alto de la montaña mágica, al climax de la unión sexual que siempre se acompaña de una lluvia de hormonas excitativas, un chaparrón de excitaciones y goces, con el que se culmina el orgasmo y se asegura la permanencia de la especie.

Se han logrado experimentos muy interantes con ratones. Se coloca un electrodo en el cerebro del ratón en la zona donde se generan las endorfinas. Se entrena al ratón a tocar una palanquita que estimula eléctricamente este elctrodo que el ratón tiene en el cerebro. El electrodo al recibir el impulso eléctrico en fracciones de voltios de muy bajo amperaje, hace que el cetro nervioso genere endorfinas, con la s que el ratoncillo se queda en la gloria, relamiéndose de placer.

Esta satisfacción es tan grande que el animalillo sigue continuamente apretando la palanca con sus patitas delanteras. Cuando experimentalmente se corta el estímulo electrico del electrodo, el ratón aprienta la palanca una y otra vez, repetidamente, luego mantiene apretada la palanca, insistentemente, hasta que se desespera con movimientos desorganizados, al no experimentar más el placer. Es el Síndrome de abstinencia.

Estos experimentos con ratones han ayudado mucho a entender el mecanismo de la adición a las drogas. Y de la

misma manera, también nos ayudan a comprender la bio-
psicología del amor humano; cómo dos personas se
sienten atraídas mutuamente y cuáles son los mecanismos
subsconscientes que mantienen la atracción,
(independientetemete de las razones y motivaciones
conscientes por las que mutuamente se comprometen)
con la finalidad primaria de que sigan copulando y
generando crías. Es decir, con la finalidad primaria de la
vida biológica, que es su conservación, su expansión y
su permanencia inextinguible.

Por supuesto que no existe una única persona para otra,
un solo individuo con un único contenido genómico para
otra sola persona, ni para un solo enamoramiento. Por eso
el cerebro de una persona enamorada produce tantos
chorros de endorfinas y de otras substancias hormonales
que bloquean el sistema cerebral y acapara todas las
funciones de la mente sin dejar resquicios para
interesarse por otras señales emitidas por el fenotipo de
otras personas. "Estoy tan enamorado que no puedo
pensar en nadie más". Pero naturalmente esto dura un
tiempo limitado, más breve o más largo, dependiendo de

la idiosincrasia de cada individuo, y de muchas circunstancias de cada persona.

¿Y después? ¿Qué pasa después, cuando la efervescencia del enamoramiento bioquímico se aquieta y se aplana (porque naturalmente no se puede vivir siempre —el organismo no lo aguantaría´en ese estado de excitación y exhaltación levitante que produce la química del enamoramiento)? ¿Qué pasa entonces?
Pues en muchos casos, para muchas parejas, "ahí se acabó todo".

Pero en otros casos sucede, que a medida de que los intercambión de relaciones entre esas personas cerebralmente enamoradas, hormonalmente enamoradas, neuroquímicamente enamoradas, se hacen más frecuentes y más intensas, y entonces es cuando los fluídos neuroquímicos y electricos atraviesan las zonas superpuestas del cerebro , del antiguo y al nuevo, del paleo-cortex al neo-cortex, de la zona que es común con los animales mamíferos y de la zona de la corteza cerebral que configura al *homo sapiens,* y se va encendiendo otra región del cerebro, la región límbica, que es donde se generan los sentimientos y las emociones, y se van activando al mismo tiempo las funciones rectoras, previsoras y organizadoras que residen en la región prefrontal, y empiezan a intervenir otras funciones superiores de la mente, de la mente evolucionada, y del corazón humano humanizado, funciones que que completan y realizan en amor, el verdadera amor, en su auténtica plenitud: la fidelidad, generosidad, la honestidad, el sentido del compromiso, el sentido de la responsabilidad y del deber, la empatía, la "caridad", la lealtad… en "la salud y en la enfermedad", en la abundancia y en los "recortes", en los días claros y bajo los aguaceros…, Todo esto expresado, vivenciado y trufado con grandes dosis de comprensión, de respeto, de generosidad, de simpatía, de tolerancia, de paciencia, de atenciones, de sexo estimulado, de complicidad dialogada, de buenas palabras…

Pero sobre todo del deseo real, y de la convicción inteligente y firme de ser consecuentes, de ser responsables y de mantener la unión comprometida, cuidada y estimulada cada día y cada noche (como dice la canción: "que todas mis noches sean noches de boda y todas mis lunas sean lunas de miel") hasta que "la muerte nos separe".

Ya hemos pasado, hemos ascendido, a otra fase del amor.

Miguel de Unamuno explica de modo muy gráfico estas dos etapas del del proceso del enamoramiento inicial hasta el amor perdurable ("te juro amor eterno"). El proceso que va desde la QUÍMICA DEL AMOR hasta la MÍSTICA DEL AMOR: Dice Unamuno, don Miguel, que cuando, en una pareja de jóvenes enamorados, una de esas personas posa la mano sobre el muslo de la otra, los dos experimentan un estremecimiento, una intensa excitación. Después, pasados treinta años de vida en común, tal vez ya no se exciten tanto, peri si a una de esas personas tienen que cortarle la pierna, la otra estaría dispuesta a dar la suya en su laugar. A esto es a lo que llamo la MÍSTICA DEL AMOR, no le llamo *mística* en el sentido religioso (quien se la de en este sentido, muy bien) pero me refiero a la mística como situarse en una región superior de la mente, que trasciende lo material y acerca al límite del misterio (místico sgnifica "misterioso").

Desde estas actitudes, cualquier dificultad que se interponga en la relación de una pareja se puede solucionar, don dos condiciones:

primerio, si hay verdadera y real voluntad de solucionarlo,

y segundo, si se echa mano de la inteligencia para compensar, superar o solucionar la dificualtad o el problema que se les interponga.

La inteligencia tiene siempre la clave. Lo mismo que el tigre tiene sus garras, el elefante sus colmillos y leon sus fauces, la inteligencia es es el instrumento de defensa y ejecución que la naturaleza ha puesto en el homo sapiens para eso, para defenderse frente a las amenazas de la vida, y solucionar los problemas que se presenten, y hacer frente a las adversidades con eficiencia y equilibrio, y además y para logar el objetivo final de todo ser humano que no es otro que LA FELICIDAD. Felicidad, que en el caso de la pareja enamorada es Felicidad compartida, Felicidad que sólo se alcanza y se logra con el buen uso de la "inteligencia emocional": la que sabe elaborar y dirigir las emociones para no sucumbir en ellas, sino para superarlas y orientarlas a los fines constructivos de la vida. Igual que el capitán de un velero situa las velas y ajusta el timón para aprovecahr la fuerza del viento y del oleaje en su progreso hacia delante, sin sucumbir por la fuerza del oleaje y del viento. Todo consiste en cómo coloquemos nuestras ideas en el cerebro, que es la base de la psicología cognitiva.

Ya lo hemos dicho, que a diferencia del cerebro de los animales y de los mamíferos inferiores, que también hacen el amor (entre comillas) y también cuidan sus crías hasta la muerte, el cerebro evolucionado del homo sapiens se completa con otros circuitos neuronales superiores y complejos, con capacidad de hacernos conscientes de lo que hacemos, de decidir libremente, de comprender el significado y las consecuencias de nuestras acciones, y sobre todo, nuestro cerebro tiene la capacidad inteligente de llevar nuestras decisiones hasta las últimas consecuencias del compromiso establecido que, en la paraja humana es, como ya he reiterado, "hasta que la muerte nos separe".

Entonces, ¿por qué, en la vida, se separan tantas parejas, por qué se rompen tantos matrimonios, se autodestruyen, se agotan?

Pues, en muchos casos (no digo "en todos", en otros casos hay otras razones y motivos de ruptura), pero en muchas parejas porque se quedan en la primera etapa del "cerebro enamorado", la del enamoramiento con "control automático", y no entran en la en la segunta etapa, la del "YO enamorado", enamorado y comprometido, en la pista iluminada de la consciencia y de la responsabilidad inteligente, y se sigue volando descuidadamente, con control automático que no requiere atención: no se asume la responsabilidad del control manual, y el matrimonio, igual que el avión, termina estrellándose.

O, con la metáfora ecológica, se abandona el terreno, no se asume la responsabilidad de cultivar el matrimonio, pacientemente, generosamente, como hace el agricultor con la tierra de cultivo a la que ama, para que de ssus frutos… Y se descuida, se aburre, se va dejando el matrimonio como tierra abandonada y seca, invadida por hierbas venenosas.

"Se nos gastó el amor de tanto usarlo", dice la copla de "La más grande". Pero no es verdad. El amor no se gasta por el uso, como no se gasta y se consume el fuego mientras se le avive y se le eche leña. Se gastan, acaso, las hormonas si no se las estimula o se las estimula negativamente. Porque todos sabemos que el mal trato, las palabras airadas y ofensivas, las quejas por todo, las frustraciones en la expectativas de la pareja, el renunciamiento o emperezamiento de las relaciones íntimas, las desatenciones, los reproches…, en vez de producir endorfinas y oxitocinas, agotan la serotonina y generan catecolaminas, cortisol y adrenalina, que son las hormonas que disponen a la enemistad y a la lucha, igual que los animales feroces de la selva.

Pero digo, repito y reitero que mientras pongamos en manos de la Inteligencia nuestra capacidad de comprensión, de tolerancia, de respeto, de actitud comunicativa para compartir las experiencias, la disposición generosa a las demandas del otro, de buen carácter, de responsabilidad frente a los hijos y frente a la sociedad en general… unido todo eso, durante toda la vida, unido a las palabras agradables y agradecidas, a las caricias, los besos, el sexo estimulado, la complicidad, las sonrisas, … todo eso hace que además el cerebro se emorrache de endorfinas y se mantenga permanentemente "enamorado", encastrado y unido en el amor, para toda la vida.

Bueno, en esta conferencia he querido poner de manifiesto la importancia del cerebro, de los circuitos neuronales del cerebro humano, para explicar los mecanismos que hacen que dos personas se busquen, se enamoren y se amen con intensidad y durabilidad; y para que su anclaje amoroso se vaya fortaleciendo y perfeccionando en la dinámica existencial de las relaciones de la pareja humana.

Insisto en que las neuronas de nuestro cerebro están naturalmente, biológicamente, programadas para amar, y para, a través del anclaje amoroso, alcanzar y experimentar el placer, el goce de la unión y la felicidad, y además para asegurar la perpetuidad de la vida en la especie.

Si experimentamos incapacidad para el amor y para la con-penetración con la pareja, revelaría un bloqueo o un fallo en ese circuito neuronal. La falta de amor, la ausencia del amor, el egoísmo exacerbado, el malhumor permnente… revela una dinámica autodestructiva. El amor es constructivo:existe para generar placer, alegría y felicidad en los diversos niveles del cuerpo y de la mente. Si emerge el hastío, el desamor, la mezquindad frente a la generosidad, la brutalidad verbal o de acciones, es como un test, o como piloto que se enciende para alarmar de que algo va mal, muy mal, de que es necesario corregir urgentemente la dirección del vuelo existencial y solucionar cualquiera que sea el problema, o liberarar la relación del egoismo, la irresponsabilidad y la deshonestidad que son los agentes tóxicos, los virus y los troyanos más nefastos de la patología del amor.

No podemos, no tenemos derecho a dejar que evolucione esta distorsión bio-evolutiva que es el desamor y la irrwsponsabilidad en los compromisos de la pareja, porque llevarían a la destrucción de esta naturaleza humana, tan maravillosamenrte construida para el amor perdurable y fecundo, y para alcanzar a través del amor, impulsados por el amor, alcanzar, aunque sea rozándola con la punta de los dedos, la verdadera Felicidad..

El amor, por otra parte es expansivo, y logra en milagro del placer y de la felicidad no solo en indivdos aislados sino que, con el "efecto mariposa", se abre a espacios cada vez más amplios y contagia con su aleteo multicolor a otros seres humanos, y este aleteo conjuntado se va acrecentando en fuerza y poderío, y contribuye a la deseada, a la deseada y necesaria para la supervivencia humana, la anhelada con ilusión cósmica, la anhelada y ansiada armonía UNIVERSAL.

En definitiva, para esto estamos los psicólogos y especialmente y particularmente los "psicólogos humanistas": patra alentar el aleteo de la mariposa y promover el AMOR UNIVERSAL.

Y como colofón quería a leeros un poema breve que evidencia cómo el amor, desde sus fuentes subterráneas del cerebro y de las glándulas, puede ir ascendiendo y realizándose en esferas progresivamente superiores de la mente hasta integrarse en los ámbitos místicos del espíritu….

*El P*oema de Juan Ramón Jiménez. de "Diario de un poeta reciencasado", escrito, como saben, en la travesía trasatlántica del regreso a España, después de haber contraído matrimonio en Nueva York con Zenobia Camprubí Aymar, cuya risa, la risa dclara de Zenobia, lo había enamorado mucho antes, incluso antes de conocerla, su risa, escuchada a través de las paredes de un piso de la calle Villanueva del barrio de Salamanca de Madrid.

Es otra historia. Pero esa risa, la risa de una desconocida entonces ("la americanita" la llamaban en Madrid) fue la señal que captó el cerebro del poesta fue la señal que captó el cerebro del poeta, lo dejó enamorado y embelesado, emborrachado de endorfinas y oxitocinas, y lo fue orientando hasta el encuentro con Zenobia, la que llegó a ser el complemento humano y espiritual de su plenitud artística personal, y de una autorealización personal compartida y vivenciada entre ambos, con un amor permanentemente avivado y alimentado, a pesar de todas las tristezas y adversidades de la enfermedad y el exilio, hasta que la muerte le puso fin.

El poema, como veréis, revela el paso de un orden a otro del enamoramiento y del amor. Con él termino.

Cuando, dormida tú, me echo en tu alma,
y escucho, con mi oído en tu pecho desnudo,
tu corazón tranquilo, me parece
que, en su latir hondo, sorprendo
el secreto del centro del mundo.

Me parece

Que legiones de ángeles,

en caballos celestes

-como cuando, en la alta noche, escuchamos,

sin aliento y el oído en tierra,

trotes distantes que no llegan nunca-,

que legiones de ángeles vienen por ti,

de lejos, -como los Reyes Magos,

al nacimiento eterno

de nuestro amor-,

vienen por ti, de lejos,

a traerme, en tu ensueño,

el secreto

del centro del cielo.

SEGUNDA CONFERENCIA:

"Libertad, Amor, Felicidad (Educación en Valores)"

Voy a comenzar esta conferencia con un dicho de Conficio: Me preguntáis por qué, cuando voy al mercado, compro arroz y compro flores… Pues compro arroz para vivir, y compro flores para tener un motivo por el que vivir.

Vivir es sin duda el valor supremo, la Vida, representada en el arroz alimenticio y fecundo; y las flores representan todo lo que le da valor a vivir la vida, lo que la plenifica de aroma, de belleza, de fruición, de encanto y de trascendencia… Todo aquello por lo que *vale* vivir. Todo lo que hace que vivirr sea Vida humana y no sólo supervivencia vegetativa.

Los griegos llamaron a al valor la *"areté"*, palabra que significa también algo así como "el arte de vivir". Quizás porque pensaban que el valor (*virtus*, le llamarían los romanos, la virtud) sea "vivir con arte", es decir: transformando en arte, belleza, prodigio y valor la propia peripecia existencial, en cualquier situación o etapa del desarrollo bio-evolutivo que se nos presente, por muy cansina, ambigua, brutal, rutinaria o insoportable que pueda, en algunos casos, parecernos. Es el poder (o sea, la *virtus*, la *areté*) de la mente. La *areté* de los griegos quizás no es otra cosa que sembrar de valores el terruño de nuestra vida.

Pues de esto voy a hablaros, de los valores, que son como el arroz que da consistencia a nuestra vida y las flores que alegran y dan aroma, magia y belleza: lo que vale la pena, lo que vale el esfuerzo, el desvelo, lo que vale la inversión de este caudal de fuerza y de belleza que mana desde lo más hondo del corazón humano, que eso que llamamos el amor: lo que vale y lo que justifica invertir nuestro amor, como un caudal de oro, en cosas y en personas. Eso son los valores.

El tema de los valores, la *axiología*, que así se denomina desde la perspectiva filosófica, se ha puesto en efervescencia, como hirviendo, bullendo, burbujeando, en todas las cazuelas donde se cocina y adereza la conciencia colectiva de nuestra civilización. (Esta burda metáfora culinaria de las cazuelas la he sacado intencionadamente a colación –nunca mejor dicho- por algo que contaré después)

Se habla de ellos, de los valores, en los comentarios de prensa, en los debates televisivos, en las discusiones de las cámaras del Estado… Y es que no hay institución que no tenga su fundamento, su consistencia y su garantía de permanencia en los valores de los que toda organización humana se sustenta. Y la familia, lo mismo que el matrimonio, que es el núcleo alrededor del cual se organiza toda la familia), sólo tendrá consistencia y garantía de permanencia en la medida en que se sustente sobre sólidos valores, y que de ellos, de los valores, se sustente, se alimente (que son los dos significados del verbo sustentar: dar consistencia y alimentar). Así son los valores.

Y a propósito de esto que acabo de decir, de alimentarse de valores, y de lo que dije de las cazuelas, voy a contaros un cuento, que se titula precisamente: la historia, del *El hombre que no había comido nunca*. Es de Kafka. Y esta historia que voy a contar la leí hace mucho tiempo y ahora la voy a reconstruir a mi manera, con mis propias palabras : *Pues eso: no había comido nunca. Hubo una vez un hombre que no había comido nunca. Era solo un sistema de huesos bajo una piel blanquísima, casi transparente. Sus amigos, y los que se enteraban, pensaban que era un héroe (nadie jamás se había propuesto una hazaña semejante), o que era un santo,: nadie jamás había renunciado hasta tal extremo a los placeres terrenales. Alguien, con espíritu económico y práctico pensó que podrían rentabilizarlo, llevarlo por las ferias, de pueblo en pueblo, presentarlo en las barracas como un fenómeno nunca visto, lo mismo que la mujer barbuda o el niño de las dos cabezas. "Este es un hombre que no ha comido nunca". El público lo contemplaba atónito, sobrecogido, entusiasmado. "Es un santo", pensaban unos. "Es un héroe", decían otros.*

Pero un día sucedió lo inevitable: se cayó, quizás por debilidad, se hizo una pequeña herida, tuvo una infección; como le faltaban defensas orgánicas en su sistema inmunolégico, se puso a morir. Los amigos y los curiosos lo rodeaban junto al lecho de muerte, a ver si al final de su vida revelaba su secreto. Lo que le había llevado hasta tal extremo de heroísmo y abnegación. Pasaban los días, cada vez estaba más escuálido, no podía hablar. Los curiosos se iban retirando aburridos. Los amigos terminaron retirándose también, poco a poco. Sólo quedó junto a su lecho un amigo fiel, deseoso de, a última hora, recibir de sus labios el secreto de su vida. Y cuando llegó la hora de su muerte, hizo un gesto débil al amigo lo aproximó muy cerca de él, y con un hilito de voz quebrada, que apenas se le sostenía, le susurró al oído: "Como eres el único que me has permanecido fiel, a ti te voy a revelar el secreto de mi vida. La gente piensa que soy un héroe o que soy un santo. Pero no es verdad. La razón por la que no he comido nunca es porque nunca he tenido hambre".

Para mi esta historia es la metáfora de una vida sin valores: una vida vacía, enclenque, sin sentido. Sin apetencias, sin inquietudes, sin aspiraciones, sin motivaciones, sin ilusiones, sin esperanzas, sin amores, sin sueños... Un alma famélica, raquítica. Sin motores de arranque, sin metas, sin combustible. Sin "hambre" de ser y de vivir. Un esperpento de ferias.

Está claro: lo que cada uno es, el Ego, el "moi", el *"yo soy"* de cada persona, se perfila por sus valores, porque los valores que cada *"yo"* contiene son los que movilizan singularmente su comportamiento y configuran el *sentido* de su vida. Una vida *sin-sentido* es igual a una vida sin valores, que representa y ejemplifica lo que es el *vacío existencial*, la *Anorexia del alma*.

También diré que la felicidad, ese valor último, el último y el inmediato al mismo tiempo, al que todos aspiramos, siempre y en todo, en todos nuestras actos, la felicidad está en los valores que durante nuestra vida cultivemos y en los que cada día recojamos como el arroz y las flores de Confucio.

Lo que es una vida vacía, carente de valores ha tenido en nuestra historia relativamente reciente una manifestación testimonial, interesantísima, en ese fenómeno sociológico que todos recordamos: el *pasotismo*. Y lo califico de interesante, en superlativo, porque desde el punto de vista sociológico y hermenéutico, el pasotismo nos ha legado una reflexión muy positiva: ha supuesto la crítica, o la denuncia, a una sociedad que no ha sabido crear un *fundamento sólido y auténtico de valores* (*"nada vale la pena"* fue la conclusión existencial de esa generación. *"Paso de todo"*).

Y es que la vida sin valores es para *"pasar de ella"*: representa, como vengo diciendo, el vacío, el vacío existencial, el naufragio vital, en cuanto que son los valores precisamente, por definición, todo aquello de lo que *no podemos pasar*, si es que queremos vivir una vida en plenitud, alimentados de arroz y embriagados de flores: que es eso, repito, lo que significa ser feliz.

Para intentar conceptualizar lo que es el valor, lo que son los valores,   voy a contaros otro cuento, una pequeña historia que a   mí me conmovió profundamente. Francisco Umbral tiene un libro, "*Mortal y Rosa*", que se ocupa en toda la segunda parte de la corta vida y de la muerte estremecida de su único hijo. Y aquí empieza la historia o el cuento, la anécdota más bien , que os quiero contar. El niño pequeñito ya ha muerto pero él, su padre, le sigue hablando continuamente en su interior. Y un día le dice (lo reproduzco de memoria): "*Hijo, hoy quiero decirte una cosa: que he visto un pato. Estaba en un estanque. Hacia sol. El sol daba sobre el estanque, y el pato estaba allí, solo. Eso es lo que quería decirte, hijo. Sé que para ti es importante. Para mi también lo es*".

Y de aquí arranco para intentar definir lo que son los valores: ¿Qué es un valor? Para el niño pequeño, sin duda, el pato es un valor. Quizás porque, para un niño, el pato representa la vida, concentra la vida entera, la hace asequible a sus manos, la abarca con sus ojos..., la vida. Para el padre también lo es, porque el valor para el padre es su hijo y también el pato que su hijo valora y con el que sus ojos se fascinan: su hijo es para el padre la vida entera, la vida: el valor supremo.

Lo que en la vida nos hace sufrir por su carencia, lo que nos hace gozar por su presencia, lo que amamos y queremos conservar, lo que perdimos y lloraremos siempre para llenar de valor el hueco de la pérdida, lo que imaginamos con deleite y lo que recordamos con nostalgia, lo que creamos, por lo que trabajamos y por lo que cada día nos esforzamos y nos superamos. Eso son los valores.

Insisto: El edificio de la persona, el Yo personal con el que cada uno nos reconocemos y nos señalamos, se construye sobre el basamento de los valores: Esto es la *axiología*. El estudio de los valores que nos constituyen, que nos sustentan como soporte, porque son nuestro soporte existencial, y nos sustentan como alimento, porque son nuestro alimento vital, alimento que dan sentido –aroma, belleza, fruición y transcendencia –como las flores de Confucio- a nuestra existencia. "El hombre en busca de sentido", es el libro, continuamente reactualizado de Victor Frank, escrito en un campo de concentración ruso, podría titularse "El hombre en busca de valores".

Para seguir ajustando el enfoque sobre estos conceptos que hemos venido diseñando, voy a formular dos axiomas básicos de la Psicopedagogía de los Valores, que es una función, la psicopedagógica, que nos corresponde a todos, ya que a todos nos corresponde conservar y trasmitir la vida, la vida que es el valor primordial, y a todos nos corresponde tambien educar, que es conducir la vida hacia su plena floración:

El primero, el primer axioma, lo formulo así: *que la educación no consiste en trasmitir conocimientos, sino en trasmitir y promover valores*. La verdadera educación, educar, *educere* (en latín), llevar por el camino que conduce a la autorrealización, que es endefinitiva la felicidad, consiste en hacer de los conocimientos un valor, extraer el valor que se oculta en ellos. Descubrir los valores que existen en la base de los conocimientos para incorporarlos y hacerlos sustancia propia. Esto es propiamente *educar*.

He dicho que la educación no consiste solo en trasmitir conocimientos. Transmitir conocimientos es *Instrucción*. Y para instruir solamente no es imprescindible, ni siquiera necesaria, la Escuela. Hoy existen medios de trasmisión y difusión de conocimientos como la radio, la TV, Internet... mucho más baratos, más cómodos, más inmediatos y más eficaces.

Reitero mi convicción de que la calidad de la persona se la dan sus valores. Hay quien defiende, por ejemplo, que "*la juventud es buena*", otros dicen "*cómo está la juventud...*". La juventud en sí no es buena ni mala. La juventud es un continente, no un contenido. Si el contenido es bueno, es un contenido de auténticos valores, entonces será buena, y si es malo, sin valores, no podrá se buena. "*Sí*, dicen, *es buena porque es espontánea, o ilusionada, o activa...*" Yo les respondería que la espontaneidad es un vehículo de impulsos o sentimientos hacia su expresión: si lo que vehicula son valores -generosidad, simpatía, respeto, eficacia...- será buena, si lo que vehicula es desvergüenza, ordinariez.... "*Es buena porque es ilusionada*", pero si la ilusión consiste en consumir cocaína o "éxtasis"..."*Es buena porque es activa*"..., pero si la actividad le lleva a la violencia, o al desorden... La calidad de las persona no se la confiere su edad, sino sus valores.

Para explicar el segundo axioma de la psicopedagogía de los valores, tendré que mencionar lo que, en Teoría de la Comunicación, se llama "*el doble mensaje*". El doble mensaje es una de las causas de fracaso en la Pedagogía de los valores: Lo que se dice con las palabras, frente a lo que "se dice" con los comportamientos y con las actitudes. Y de aquí deduzco el segundo axioma: que la *Ejemplaridad* es el agente fundamental de interiorización de los valores .

La *Ejemplaridad*, como valor, guarda una relación de intercoherencia con otro valor hoy casi desaparecido: la *Autoridad*. Nos lamentamos de de la pérdida creciente, en nuestra juventud sobretodo, del valor Autoridad. Pero debemos recordar que la *Auctóritas* latina era, autoridad moral. Es decir coherencia y congruencia entre lo que se enseña y lo que se practica, entre lo que se "profesa" –en lo familiar, pero también en lo político, en lo social, en lo religioso- y lo que realmente se vive. Esa es la *auctoritas*, la autoridad que merece nuestro seguimiento y nos sirve de ejemplo.

Desde muy pronto el niño, que es una esponja receptiva de imágenes y de mensajes, empieza a desconfiar de lo que se le dice con el discurso verbal cuando éste se contradice con los comportamientos. Y eso es lo que distingue, por ejemplo en el campo de la docencia, al simple "profesor" del verdadero *"Maestro"*, del que algunas veces hemos dicho, o hemos oído decir: *"Yo aprendí muy bien tal materia, o elegí tal carrera, porque en el curso tal tuve un profesor convencido y consecuente con lo que enseñaba..."* Este es el Maestro. Esta es la autoridad, este es el ejemplo.

Pero vamos a concretar: hemos hecho referencia a los valores en general, a la vida como valor supremo a construír, y a conservar, y a respetar, y a pepetúar, hemos hecho también referencia a la Felicidad… Vamos a concretarlos, a sistematizarlos: ¿Cuáles son esos valores concretos que debemos interiorizar, y trasmitir, y promover, y enseñar, y cultivar, para darle sentido y valor a nuestra vida, para que nuestra vida esté alimentada y aromada de flores, en esta etapa de nuestro desarrollo colectivo, para darle alimento, fragancia, flores y frutos a nuestra vida…?

En una encuesta a estudiantes de la Comunidad Europea, se impuso, como primer valor en el *ranking axiológico,* en el orden jerarquizado de valoraciones, el primero, el más deseable: la Libertad.

Pero lo que yo quiero expresar es que, además de un valor siempre anhelado, la Libertad es la matriz de todos los valores, la madre, el vientre donde se conciben, se nutren y se desarrollan todos los demás valores. La *"conditio sine qua non"* para que pueda existir el valor.

Sin libertad no hay valores. Si lo que hago, por muy bueno que sea, no lo hago libremente, no hay un valor personal. Será bueno hacerlo pero no me hace mejor, no me hace valioso personalmente. La Libertad, y la conquista de las libertades, es lo que nos da la medida de nuestra dignidad y de nuestro valor o valía como personas.

Pero una cosa: la verdadera Libertad no consiste solo en que me dejen realizar mis deseos, y por supuesto no consiste en poder hacer siempre lo que me da la gana. Consiste en poder realizar los deseos que me permiten crcer, desarrollarme y perfeccionarme como persona, de hacer de mí mismo un valor, util para mí y para la humanidad entera.

No es libertad alcanzar los deseos del capricho o del antojo, porque entonces no soy libre sino esclavo de mis caprichos y de mis antojos. Sino sometiendo mis deseos a una jerarquía de valores que me lleva a renunciar a un valor inferior, que deseo, para conseguir un valor superior que deseo más y que le da más sentido y consistencia a mi vida. . No es solo la libertad de *tener* o de *hacer*, sino sobretodo la libertad de *ser, de ser* lo que quiero y puedo llegar a ser. Porque eso es también lo que nos da la plenitud de la auténtica felicidad.

Quiero insistir en que no entiendo aquí por libertad la consecución de *libertades extrínsecas.* Sino la liberación del *"ananqué"* interior. En la lengua griega clásica "ananqué" significa algo así como "necesidad interior imperiosa, presión incoercible, esclavizante. "La verdadera libertad consiste en el dominio absoluto de si mismo", dice Montaigne. La verdadera Libertad no consiste en realizar los deseos, sino en realizar los deseos según los valores, sometiéndolos a una jerarquía de valores que me lleva a renunciar a un valor inferior para conseguir un valor superior, que es lo que me autorrealiza en libertad y en felicidad.

Para algunas personas, la libertad es lo opuesto al compromiso: soy libre, no tengo nada que ver con nadie, hago lo que me da la gana, la "real" gana, lo que me sale de las narices…

La Libertad no se opone al compromiso, sino que pasa por el compromiso, lo atraviesa. El compromiso no limita la Libertad, sino que la canaliza hacia un valor, anclado en la realidad. Y en la realidad está la presencia y la existencia de *el otro*, de los otros, frente a loos que ejerzo el valor del respeto a su propia libertad y a sus derechos, y el valor de la responsabilidad y, en definitiva, el valor supremo del amor.

En la Patología psicológica, el *Psicópata*, el *Sociópata* , es esa persona que carece de valores interiorizados (y por lo tanto carece de libertad); actúa según el instinto ciego o según el impulso exclusivo de la fuerza arrasadora del deseo emergente. No es libre libre de sí mismo. Es esclavo de la sin-razón o de la fuerza arrasadora del instinto impetuoso: ("quiero vengarme de mi pareja, pues mato a los hijos, para que no los vea más", "me molesta el vecino porque ronca, pues le pego un tiro entre las cejas"…)El psicópata o sociópata es un ser incompatible con la con-vivencia. Un peligro permanente, porque no operan el él los valores más elementales.

El *Neurótico* es el que no sabe usar la libertad y reprime los deseos: conoce los valores, pero no sabe, o carece de energías para elegir la acción que le lleve a la consecución de su valor. Y, según Freud, *somatiza* sus deseos reprimidos, escapando de la realidad por los síntomas, que al mismo tiempo que atormentan, aportan otros beneficios (me justifican, me hacen objeto de compasión, de cuidados…).

Por otra parte, el Artista transforma sus deseos en Obra de Arte. Lo mismo que pasa en el sueño, o en el circo, donde construimos una realidad a la medida de nuestros deseos más arcaicos (soslayamos la ley de la gravedad, volamos, comemos el fuego, ponemos a los leones a nuestros pies y hacemos arrodillarse a los elefantes...) Esta capacidad de transformar el deseo en Arte constituye el nudo de una novela sobre Leonardo de

Vinci, en la que se cuenta que una vez encontró a una mujer en el mercado que le dejó subyugado por su sonrisa, en la que rememoró la sonrisa de su madre cuando le daba de mamar en sus pechos... Pero en vez de poseer a aquella mujer por la que se sentía tan atraído, convirtió su deseo en la Obra de Arte universal, *La Gioconda*. La creación artística es una realización superior de la libertad: la libertad creadora.

Bueno, supuesta la Libertad interior que nos permite elegir, que nos libera de la fuerza arrasadora de los impulsos y nos capacita para elegir razonablemente los valores que nos auto-realizan personal y socialmente, me pregunto: ¿cuáles son? ¿cuáles son esos valores que que me pueden dar consistencia y sustento en esta etapa de la vida colectiva, y para orientar también, y sustentar, la tarea educativa que tenemos que estar realizando permanentemente, con nosotros mismos, auto-educándonos, pero también con las personas sobre las que ejercemos nuestra responsabilidad y nuestra ejemplaridad?. ¿Cuáles son esos valores?

Yo propongo un prototipo de personalidad, fundamentada, ajustada y madurada en valores, en valores nucleares, o sistemas de valores, que a mi parecer pueden fundamentar tarea educativa, lo que tenemos que enseñar, trasmitir y promover, en la nueva era en la que ya vamos navegando, (unos en la 1ª etapa de la navegación, que concibió Platón, y otros en la 2ª) y para orientar también, y sustentar, la tarea autoeducativa que tenemos que estar realizando permanentemente con nosotros mismos.

Esa frase, tantas veces repetida, *"ya no voy a cambiar"* no podemos aceptarla, y justificarnos con ella. Cambiar es un deber permanente, una obligación ética, pero sobretodo, queramos o no, estamos en permanente cambio. Además es un derecho y un privilegio. Filogenéticamente y ontogenéticamente, la vida es cambio. Y nuestra vida singular, la de cada uno, *es un progreso permanente de superación en función de los valores que vamos progresivamente interiorizando,* y que progresivamente nos van re-amasando, configurando y perfeccionando. Se entiende así aquel ideal ético de Kant. de *hacer cada uno de sí mismo una obra de arte.*

El prototipo axiológico que yo propongo y propugno se podría conceptaualizar con estas dos palabras: *Individualismo solidario.* El concepto de Individualismo entraña la esencia misma de la Libertad: Libertad de ser lo que quiero ser, lo que quiero hacer de mí mismo en la vida, valiéndome de mí mismo y desarrollando mis propios recursos. Estoy convencido de que entendido así el Individualismo: realizarse uno a si mismo como el "Yo" que soy, como el individuo que puedo llegar a ser, es un valor indispensable, como responsabilidad frente a uno mismo para la realización total de las propias potencialidades, como "hacer de sí mismo una obra de arte" que era la propuesta Ética del filósofo Kant, entendido así, no es rechazable desde ningún punto de vista, ni psicológico, ni filosófico, ni moral, ni psicosocial, ni ético.

Lo rechazable es la insolidaridad. El individualismo ha sido rechazado en épocas anteriores por insolidario, porque se había vivido y educado en la insolidaridad, para el propio provecho y medro exclusivo. y se terminó, como dice el refrán inglés, *"tirando el agua sucia con el niño dentro"*.

Por eso yo propongo y propugno un nuevo concepto para diseñar el nuevo prototipo educativo de persona -el hombre nuevo, la mujer nueva-, válido en la etapa histórica que estamos viviendo y construyendo entre todos, que es el concepto de *Individualismo Solidario*. (Jorge Bucal tuvo hace pocos años una conferencia en Cordoba, a la que tituó "El Yo solidario". Viene a ser lo mismo)

Escuchando hace varias semanas, en un programa televisado, al Presidente de la Cruz Roja, afirmó que el Humanitarismo es la "acción solidaria a escala individual" , es decir, acción individual, la tuya, la mía, la de cada uno, que cuando se suma, a través de la solidaridad, con otras acciones individuales, llegan a conformar una potencia solidaria de valor incalculable.

La palabra Solidaridad deriva, etimológicamente, de sólido, y se dice de los cuerpos cuya cohesión molecular es estable, a diferencia de los líquidos. Quizás este fondo de solidez le dé al concepto un significado más profundo, más cosmológico, que otras palabras con las que se podría expresar el mismo concepto y el mismo valor. Como, por ejemplo, puede ser la palabra CONCORDIA, que es un bello término verbal, aunque quizás sin ese fondo semántico de solidez. Concordia: corazones unidos, unos con otros, con-cordia.

Vamos a desmenuzar ciertos aspectos de su significado, en varios grupos de ideas:

PRIMERO: La palabra Solidaridad es sólida como significante porque le da solidez y consistencia al vínculo de amarre que nos une, nos engarza y nos compromete a todos los seres del mundo entero; es solida porque entraña el espíritu de la *Coperación*, de *Participación*. La Solidaridad es imposible sin la *Justicia*, dar a cada uno su derecho, sin el *Respeto*, sin la

Caridad, sin, en definitiva, el *Amor*. Presenta sinonimias con la *Fraternidad*, con el *Compañerismo*, con la *Tolerancia…*

La Tolerancia es un concepto axiológico imprescindible en la Democracia. Su significado viene a ser *Solidaridad dentro de la pluralidad* (de la pluralidad ideológica, étnica, filosófica, política, educacional, generacional, sexual, cultural...) de todo lo que quizás sea distinto a ti. Democracia: la defino como "pluralismo en diálogo con la intención de cooperar solidariamente en el progreso común".

La tolerancia se desacredita en la política y se desmiente con las disputas y ataques personales que tan frecuentemente se entablan entre gobierno y oposición. En Democracia, Gobierno y Oposición son solidarios, ambos aspiran a la construcción de la *polis*, en beneficio de todos. Eso sí: desde sus diversos puntos de vista, que son complementarios, no tienen por qué ser antagónicos, aunque sí permanentemente contrastados. Cuenta Van Gog en sus cartas a Theo, que los marineros cuando tienen que transportar un ancla muy pesada entre varios, se ponen a cantar todos al mismo tiempo para darse el ánimo y el impulso necesario para realizar la tarea. Tendrían que aprender los políticos a cantar en sus parlamentos, no a gritar, ni a vociferar, ni menos ¡por Dios¡ a insultar.

Por eso la Solidaridad es imposible sin la *Justicia*, dar a cada uno su derecho, sin el *Respeto*, sin, en definitiva, el *Amor*. La solidaridad supone la actitud de *Disponibilidad* que es la verdadera "Plataforma para el Voluntariado", tan necesaria, imprescindible y urgente en esta etapa socio-histórica, para SALVAR al mundo entero.

SEGUNDO grupo de ideas: La palabra Solidaridad entraña, como se ve, un concepto cardinal polisémico, una costelación de valores, es eje de otros muchos valores que se vertebran en ella y sustituye en nuestra era postmoderna a la bellísima palabra griega y bíblica *Járitas* que se identifica con la perspectiva de la cultura religiosa. Ojalá podamos volver a utilizarla, con la plenitud de su significado, cuando quede limpia de la herrumbre de hipocresía y limosnería que se le fue pegando después de tantos siglos de uso. Pero debajo de la herrumbre sigue siendo una palabra de plata y oro.

TERCER grupo de ideas: El sociólogo francés Durkehim llama *Solidaridad Cósmica* a lo mismo que propugna Erich Fromm como única solución a la pervivencia de la humanidad. Erich Fromm entiende este concepto de Solidaridad por lo que él llama *Fraternidad Universal.*

Y aporta para comprenderlo un texto de la Biblia de especial significación en estos tiempos de recrudecimiento insolidario del racismo y la xenofobia: *"Conoce* (el verbo conocer en la Biblia tiene el significado de *penetrar, compenetrarse, "Abraham conoció a Sara y tuvo de ella un hijo".* Conocer es fundirse con lo conocido*) el alma del extranjero, porque tu fuiste también extraño (extranjero) en la tierra de Egipto".* Compenétrate, identifícate (hoy se diría "ten empatía") con el extranjero. El extranjero es el extraño, el que está *fuera de ti*: el que no pertenece a tu familia, a tu grupo, a tu nación, a tu raza, a tu educación, a tu ideología... Sería esta "Fraternidad Universal" que propone Erich Fromm, el fundamento psicológico y antropológico que orientara en autenticidad, como el valor más sólido, el proceso tan debatido de la *Globalización*. Ojalá el proceso de Globalización, tan debatido y tan distintamente entendido, se produzca y se realice como Fraternidad Universal y Solidaridad Cósmica.

Esto es lo que supone para Erich Fromm la superación dinámica del *Narcisismo* que es, precisamente, lo contrario a la Solidaridad.

Para Erich Fromm cualquier persona puede ser decepcionante o admirable, dependiendo del posicionamiento ético en el que uno se coloque. Si se coloca en una perspectiva *narcisista*, en la que lo único importante y valioso es uno mismo, el propio Yo, "el otro", la "otra persona", podrá ser decepcionante y despreciable. El importante y valioso seré siempre yo, "*Yo, el supremo*", como el de la novela de Roa Bastos. Pero si te colocas en una postura solidaria siempre, y a pesar de todo, el otro será para ti admirable. Recordaré a Camús en el último párrafo de su novela *"La peste"*: *"El Dr. Rieux había llegado a la conclusión de que en cualquier persona hay siempre más cosas dignas de admiración que de desprecio"*.

Y paso ya al otro valor, el valor complementario, indesligable al de Solidaridad, que propongo como objetivo de formación pedagógica y de cultivo personal, en nuestra permanente tarea educativa y autoeducativa que nos realiza a cada uno como individuo en plenitud y libertad: este valor es el Individualismo, que se desarrolla, primero con una conquista de valor, que es el ejercicio de la *Autonomía*.

Voy a matizar el concepto:

1º- Autonomía es la capacidad de responder por uno mismo: emitir las propias respuestas a los estímulos, "a los llamamientos del exterior": emitir las respuestas que corresponden a las propias convicciones y a los propios valores. Capacidad de responderse a sí mismo, saber que la primordial responsabilidad que tenemos en la vida recae sobre uno mismo, y que esta responsabilidad es, en definitiva, la propia *autoconstrucción,* la propia autoconstrucción progresiva, porque nunca estoy realizado definitivamente, que la auto-realización es una tarea permanente, que voy haciendo continuamente, siempre y a todas las edades de mi desarrollo, en cada acto o desición de mi vida, hasta que la fruta esté madura y se desprende el arbol… Y la hago precisamente porque soy libre, tengo libertad para poder hacerlo.

En segundo lugar, el Individualismo se desarrolla también en otra conquista de valor que es el *autodesenvolvimiento*, practicamente sinónimo de Autonomía: la capacidad de desenvolverme por mí mismo en la vida, de guiarme, de regirme y desarrollar todas las potencialidades que cada uno porta, como una semilla, dentro de sí mismo en beneficio de todos, potencialidades insospechadas y hasta insospechables. ¿Quién le hubiera dicho al gusano que se arrastra por la tierra, que algún día, después de un proceso proteínico dentro de la encerrona del capullo, iba a volar con alas?

Eso es llegar a ser uno mismo, eso es autonomía y autodesenvolvimiento, eso es individualismo: desarrollar, ir desarrollando paulatinamente, todas las potencionalidades ocultas. Y si lo intentas, si te empeñas en alzar los ojos y en ir por la vida mirando al cielo, como dice Gustavo Flauvert, acabarás… teniendo alas. Imagen y paradigma de la Libertad.

Esto que vengo diciendo, ser *uno* y ser *solidario* al mismo tiempo, con identificación absoluta, ser uno un valor para sí mismo y para la otra persona y aceptar a la otra persona como un valor para mí, tiene una especial incidencia en el amor y en la pareja, en el arroz y las flores con que alimentamos y aromamos la pareja. Ya terminó la etapa de "las medias naranjas" (que por cierto es tan antiguo como el viejo Platón: y lo cuenta en su su obra El Banquete, explicando el mito del andrógino de Aristófanes) La media naranja: dos seres incompletos que se unen para completarse.

A eso no se le puede llamar amor, en cuanto que el amor es la expresión más auténtica de la plenitud y de la autorrealización personal. Lo de las "medias naranjas" es indigencia y dependencia, como dice Erich Fromm en *"El arte de amar": Cuando una persona le dice a otra 'no puedo vivir sin ti', no está expresando su amor, está expresando su propia insuficiencia y dependencia.*

En esta etapa de nuestro desarrollo se necesitan "sí mismos completos", individuales, seres autónomos, autosuficientes y libres que se aman, se vinculan, participan, se comprometen, y forman un *nosotros*, sin dejar de ser yo y tú. En solidaridad, con el fundamento sólido de nuestra realidad, solidariamente compartida y comprometida, como quienes "construyen su casa sobre roca viva" que dice el Evangelio.

En la práctica, el ejercicio del amor necesita, al mismo tiempo, la cercanía y la distancia, la compañía y la soledad, la solidaridad y el individualismo. De lo contrario - y esto se hace evidente en la experiencia- se crea una amalgama que, como en los campos magnéticos, al menor roce produce chispas. Recuerdo a este respecto un "martirio chino" que, según he leído, se practicaba antiguamente en Asia. Consistía en castigar a los amantes adúlteros metiéndolos desnudos en un pozo estrechísimo en el que tenían que permanecer pegados piel a piel, cuerpo a cuerpo, hasta que...terminaban devorándose de rabia y desesperación.

Es necesario revisar el concepto -posesivo, obsesionante y acaparador- de *"enamoramiento"* frente al valor auténtico del *"auténtico amor"*. Como escuché a un personaje en una entrevista de TV, a quien le preguntaron "si estaba enamorado" y respondió: *Afortunadamente no estoy enamorado porque estar enamorado es un fenómeno irracional y pasajero que consiste en dejar de ser uno mismo. Pero puedo decir que amo profundamente a una persona con la que, sin dejar de ser yo, he decidido compartir mi vida.* Como dice Albert Camus: estar enamorado o enamorada es decidir y saber que quiero envejecer con esa persona.

Tiene razón este comentarista porque no es infrecuente escuchar a personas referirse al *"enamoramiento"* como si fuera algo inevitable, que sobreviene casi por sorpresa o por arte de magia, como una especie de enfermedad irremediable, frente a la que no hay nada que hacer, sino dejarse llevar por ella... y que justifica, por lo tanto, todos los comportamientos, a veces 'comportamientos locos', que de esta *"enfermedad de amor "* se derivan. *"¿Qué le voy a hacer? si es que me he enamorado".*

Y quizás no saben que, al hablar así, o al interpretar de ese modo su experiencia de 'enamoramiento', están haciendo dejación de responsabilidad, están renunciando a lo único que puede justificar un comportamiento humano, lo único que dignifica a la persona, y que la realiza como persona: que es el uso de su Libertad. El enamoramiento, así entendido, no es libertad: es apego, es arrebato, es pasión, es pérdida de libertad. No justifica a la persona, en cuanto persona, ni la realiza como tal.

El Amor no puede existir sin Libertad. Aunque está impulsado por la fuerza del instinto y del deseo, como el viento que impulsa la vela de un barco (dice Ortega y Gasset), el timón lo llevas tú. Y si no, terminarás encallando, o perdiéndote en el mar, o estrellándote contra las rocas…. El amor se ejerce desde la Responsabilidad, se fundamenta en los valores de la persona, y es lo único que nos realiza, como personas, en Libertad dignificante y en plenitud existencial, dejando siempre unidos, atados, amarrados, interpenetrados y copulados los dos valores fundamentales para el desarrollo en plenitud de la vida humana: la *Solidaridad* y la *Autonomía.*

Esto es ir construyendo cada día el edificio de nuestro Yo con las mejores piezas de uno mismo, remodelando las inevitables imperfecciones emergentes, lo más acabadamente posible, sobre el fundamento y con el horizonte de nuestros propios valores interiorizados, y esto es en definitiva la *Felicidad,* ser feliz: la primaria y última necesidad humana radical, impulsora y alentadora de todos nuestros actos (los acertados y los erróneos) y de todos nuestros esfuerzos, en nuestro caminar por la existencia. La Felicidad.

Y desde dentro de la Felicidad emerge otro valor, muy necesario para la supervivencia humana en esta nueva etapa de nuestra evolución sociocultural, es el valor que pudiera resumirse con el término verbal *Alegría.*

La Alegría requiere, desde el punto de vista psicoeducativo, fomentar lo que se llama *Orientación Mental Positiva.* No es otra cosa que la capacidad de elevarse sobre el pesimismo y de *re-hacerse, resiliencia* (es un concepto tomado de la física: propiedad que tienen los cuerpos de…) , a uno mismo desde las experiencias tristes y lamentables de la vida. Leí una vez una frase que ahora me viene a la memoria, estimulante en su simplicidad: *"Existen algunos pocos seres superiores y fuertes que han sentirse libres de irritarse y amargarse por las contrariedades cotidianas de la vida."* Y el escritor Stevenson escribió: *"lo que nos hace felices es la capacidad de enfrentar las adversidades con serenidad y sin perder el entusiasmo".*

La Orientación Mental Positiva refuerza la capacidad de engendrar ilusiones, y tiene como basamento otro valor esencial que es la *Esperanza*. La Esperanza estimula el ejercicio de la *Autosuperación*, en cuanto que nos lleva a sobrevolar de la miseria humana y a levantar la vista hacia horizontes luminosos..

Proyectando estas reflexiones acerca de la Alegría y la Felicidad sobre la sexualidad, pienso que, al parecer, creemos que lo importante en la relación sexual es lo que se da o lo que se recibe: la sexualidad se entiende como dar y recibir placer. Y medimos la calidad de nuestra relación sexual por la magnitud o intensidad de ese intercambio de placeres.

Sin embargo, pienso que dar placer y recibirlo es mucha veces un ejercicio narcisista, en el que, más que complacernos con la otra persona, nos complace la constatación de nuestro poder, de nuestro atractivo, de nuestra capacidad de dar, "más que otros/otras".

No podemos olvidar que la Felicidad no está en las cosas, no está en lo que se tiene o se consigue, sino en la profundidad de la persona, en lo que se es y en lo que se crece y se madura interiormente, y que lo importante en el amor no es recibir, ni siquiera dar, sino *darse*. Y lo mismo en el sexo, en la relación sexual. El sexo es lo más impersonal de la relación con otra persona. El placer te lo podría dar cualquier otro u otra. Mi presencia total, aquí, para ti, contigo, tuyo-tuya, mío-mía , es un hecho exclusivo, único, irreproducible fuera de *nosotros*. De esta manera la persona se constituye en un *fin-Felicidad*, "*tú eres mi felicidad*", y no en un *medio* para alcanzar el *place,* como si esto fuera el fin.

El resultado placentero de la unión sexual, el orgasmo, es secundario, más o menos satisfactorio, más o menos prescindible. La Felicidad de poder ser Yo Contigo, y de tenerte a ti, siendo Tú, Conmigo, no está en el intercambio de placeres, sino en la experiencia intemporal de *fusión de totalidades, "tú eres todo para mí"*.. Así es como me constituyo como un *Valor* para la otra persona, sin tener que darle nada más que a mí mismo, y la otra persona se constituye como *Valor* para mí, sin necesidad de que me dé nada más que a sí misma. Esta *autorrealización recíproca* (otro modo de *individualismo solidario)* es el requisito indispensable para alcanzar el valor supremo de la Felicidad.

Y esto es en definitiva la *Felicidad,* ser feliz: el objetivo de valor que impulsa y alienta todos nuestros actos (los acertados y los erróneos) y todos nuestros esfuerzos, en nuestro caminar por la existencia.

Y con este esfuerzo caminante en la búsqueda del Arca perdida de la felicidad, quiero ir terminando con una tercera pequeña historia. Mejor dicho: os voy a recordar un pasaje de nuestra historia. que me la recordó a mí y me la comentó, hace pocos días, un viejo amigo. Casi con sus mismas palabras os la trasmito ahora:

Fue en 1519. Cinco naves, con Magallanes al mando, zarpan de Sanlúcar de Barraneda en dirección a las Indias Orientales, rodeando las Américas. Dos años tarda Magallanes en llegar a Filipinas, donde morirá durante unas escaramuzas. Juan Sebastián Elcano será quien se pone al mando de los pocos hombres que quedan para el viaje de vuelta. Navegaron, durante tres años, por los mares portugueses, bordeando esta vez Africa, hasta avistar las tierras españolas, a bordo de la Nao Victoria, y arribar a Sanlucar de Barameda. Habían logrado dar la primera vuelta al mundo.

Bueno, esta es la historia. Y me comentaba mi amigo, con este recuerdo de nuestra historia que hoy, cualquiera de nosotros puede dar la vuelta al mundo en cuestión de segundos. Y sin moverse de la silla o del sofá. La telefonía, la televisión, Internet, el Google, el Iphon, el Ipad..., nos permiten ver, oír y estar en cualquier parte del mundo. Cada uno de nosotros, con el móvil en en nuestra mano, somos un punto de conexión con el resto del mundo entero. Ese larguísimo y penoso recorrido que, hace quinientos años, emprendió la Nao Victoria, empieza y termina hoy, en cualquier momento, navegando en el pequñísimo mar que abarca la palma de nuestra mano. Y mirad esto: que lo que de verdad perseguían aquellos marineros esforzados es lo mismo que, en el fondo, seguimos persiguiendo todos nosotros, porque eso no ha variado en estos 500 años. Sea con un barco o con un móvil, sea por los océanos o en la palma de la mano, el objetivo que los movía a ellos y que nos mueve a nosotros   sigue siendo el mismo: Creo firmemente que Juan Sebastian Elcano, y aquellos hombres diezmados y exhaustos, lograron dar la vuelta al mundo y arribar en Salúcar de Barrameda no porque pensaran que así sería famosos y formarían parte de la Historia. Estoy convencido que lo que a cada uno de ellos le movía, desde muy dentro, desde los motores psicológicos y humanos mas profundamente entrañados, era regresar al Hogar añorado, contemplar y acariciar de nuevo el rostro de la esposa, abrazar a slos hijos y estrechar su corazón con el de sus amigos. Lo que les movía, en definitiva a ellos, y nos sigue moviendo a cada uno de nosotros, siempre, no es otra cosa que el Amor, el gran valor del amor, que es al mismo tiempo el valor que construye el Universo y que engendra y constituye la verdadera Felicidad. Y además, fijaos en lo que os digo: que frente los impulsos instintivos del animal humano y las ferocidades imprevisibles de la existencia tal como la estamos viviendo, el amor es lo único imprescindible y necesario para la perseveración de la especie humana.

Alguien escribo alguna vez que el Amor es una trampa de la Naturaleza. Una trampa que se nos puso para que la especie siguiera adelante y no se extinguiera. Eduardo Punset lo matiza afirmando que el Amor es el mejor refugio que se ha creado el animal humano para protegerse ante las inclemencias y avatares de la existencia… Ambas afirmaciones pueden tener algo de verdad. Pero para mí una de las mejores definiciones del amor es la que dio el maestro Freud cuando en carta, a la que entonces era todavía su novia, le confiesa que el amor es lo que nos proporciona la alegría y el sosiego de no tener ya nunca jamás la necesidad de preguntarnos cuál es el sentido de la vida, para qué vale vivir: porque si tenemos el Amor es que hemos sabido recolectar el arroz necesario para vivir y tenemos el corazón colmado y aromado de flores ...

Me vaís a permitir que lea –y ya termino- unos versos de amor, uno de los más bellos poemas de amor y más estremecedores que yo creo haber leído nunca. Son de Miguel Hernández de su poema *"Hijo de la luz y de la sombra,* escritos desde la cárcel a su mujer, embarazada del hijo de ambos. Quiero confesaros que para mí no hay mejor formulación del concepto de Solidaridad Universal, la que saca y libera al amor del territorio limitado de los sentimientos parrticulares y le adjudica su verdadera dimensión trascendente, como la fuerza misteriosa que reside en nuestro interior de seres humanos, que grita desde lo más profundo del alma y recupera el auténtico sentido y el valor excelso de la existencia humana. Con ellos termino.

Le dice a ella:
"No te quiero a ti sola: Te quiero en tu ascendencia
y en lo que de tu vientre descenderá mañana.
Porque la especie humana me han dado por herencia,
la familia del hijo será la especie humana.
Con nuestro amor a cuestas, dormidos y despiertos,
seguiremos besándonos en el hijo profundo.
Besándonos tú y yo, se besan nuestros muertos,
se besan los primeros pobladores del mundo..."

FERNANDO JIMÉNEZ HERNÁNDEZ-PINZÓN

Nacido en Sevilla. Sobrino nieto del premio Nóbel Juan Ramón Jiménez, es Doctor en Filosofía y Ciencias de la Educación por la Universidad Complutense de Madrid, Doctor en Filosofía por la Universidad del Paraguay, Licenciado en Psicología por la Universidad Complutense, Licenciado en Teología por la Facultad Pontificia de la Compañía de Jesús de Granada, Diplomado Superior en Psicología Clínica y en Grafopsicología. Ha realizado estudios especializados de Psicopatología, Psicoterapia y Psicoanálisis en la Universidad de la Sorbona de París. Ha sido profesor de Psicología en la Universidad del Paraguay, en la Facultad de Económicas y Empresariales de Córdoba, y en la Escuela Universitaria de la Iglesia de Formación del Profesorado de Córdoba. En esta ciudad realiza actualmente su actividad profesional de Psicólogo Clínico y Psicoterapeuta. Ha sido miembro del **Centro de Estudio y Aplicación del Psicoanálisis** de Madrid, integrado en la F.E.A.P. **Federación Española de Asociaciones de Psicoterapia,** de la **Asociación Católica Internacional de Estudios Médico-Psicológicos- A.C.I.E.M.P.,** y de la **Sección de Psicoanálisis** de la **"American Psycholigical Association"**

Ha impartido numerosos cursos, seminarios y conferencias, en España y en el extrajero, sobre temas de Psicología educativa, Dinámica de Grupos, Psicoterapia, Psicoanálisis y también sobre temas de Literatura.

Fue premio Zenobia Campruby" por su trabajo "Dios deseado y deseante, último libro de Juan Ramón Jiménez", y finalista al I PREMIO DE NARRATIVA

DE LA XV FERIA DEL LIBRO DE ALMERIA por su poema-relato "La viña florecida". FINALISYA AL XXXIII PREMIO MUNDIAL DE POESÍA MÍSTICA "FERNANDO RIELO", por su obra "Si por vosotros ha pasado". Es también Académico correspondiente por Moguer de la **Real Academia de Buenas Letras, Ciencias y Nobles Artes** de Córdoba.

OTRAS OBRAS DE FERNANDO JIMÉNEZ H.-PINZÓN

"La Comunicación Interpersonal" (3 ediciones) , Ed. ICCE, Madrid

"Técnicas Psicológicas de Asesoramiento y Relación de Ayuda", Ed.
 Narcea, Madrid.

"Viajes hacia uno mismo" (2 ediciones), Ed. Desclée de Brouwer,

colección Serendípity, Bilbao.

"Seminario de Comunicación y Creatividad" Publicaciones del I.C.E. de la Universidad de Córdoba.

"La Fantasía como Terapia de la Personalidad" (2 ediciones) Ed. Desclée
de Brouwer, colección Serendípity, Bilbao.

"A corazón abierto" Ed. Desclée de Brouwer, colección Serendípity, Bilbao.

"Psicoanálisis para educar mejor", Ed. Desclée de Brouwer, colección Serendípity, Bilbao.

"Complejo de Inferioridad. Enfoque terapéutico y psicoeducativo" (Compendio de la Psicología Individual de Alfred Adler) Editorial La Buganville, Barcelona.

"La viña florecida" (poema-relato) Ed. BmmC, Málaga.

"Valores para vivir y crecer" Ed. San Pablo, Madrid.

"Anna, mi amiga" (Ensayo biográfico novelado sobre la hija del fundador del Psicoanálisis) Editorial Libros En Red, Argentina.

"Sigmund Freud. Biografía de un deseo", Editorial Libros En Red, Buenos Aires.

"Juan Ramón Jiménez, un dios desconocido", Editorial Deauno.com, Buenos Aires.

"Animal de deseos (Reflexiones y confesiones de un psicoterapeuta)". Editorial Deauno.com, Buenos Aires.

"La voz del viento: Cuaderno de recuerdos y añoranzas)" (Poemas) Edición privada.

"La Práctica del Consejo Psicológico (según los principios y metodología del *Counseling* de Carl Rogers")", Editorial ECU, Alicante.

"Tu Personalidad es tu Escritura", Editorial ECU, Alicante.

"Mirándome a los ojos". Ediciones Litopress. Córdoba.

"Construye tu pirámide (Claves para pensar, vivir y soñar...)". Editorial *rd editores*. Sevilla

"Por el Labreinto del Minotauro (Claves del Psicoanálisis para entender el funcionamiento mental y sus perturbaciones)", Editorial Deauno.com, Buenos Aires.

"Un porqué para vivir", Editorial Deauno.com, Buenos Aires.

"Encuentros en el Ágora", coautor: José Mª Carrascosa. Editorial Deauno.com, Buenos Aires.

"Por los antiguos surcos", coautor: José Mª Carrascosa. Editorial Club Universitario ECU. Alicante.

"Los colores del agua", coautores: José Mª Carrascosa y Antonio Espinosa. Ed. Libros En Red, Buenos Aires.

"Microrrelatos histéricos (con Freud y Hemingway)", Ed. Imcrea, Badajoz.

"Conocer y superar tus complejos", PR ediciones. Madrid.

"Anna Freud, una mujer y un destino", coautor: Julia Victoria Jiménez Vacas Editorial Club Universitario- ECU, Alicante.

"Acabarás teniendo alas (Microrrelatos)", Editorial Club Universitario- ECU, Alicante.

"Cada día, una vida", Editorial Bubok (digital)

"Del amor y la vida (microensayos para pensar, crecer y soñar)", Editorial Lulú (digital)

"Conferencias de psicología y literatura", Editorial Lulú (digital)

"Dios está azul", Imcrea editorial, Badajoz

"En el amor y el mito" (poesía), Editorial (digital).

"Si oyes la voz del viento", Editorial Blurb (digital)

"Igual si fuera un sueño" (poesía), Editorial Blurb) (digital)

"Seminario de recursos psicoterapéuticos", Editorial Lulú (digital)

"Taller: Estructura y dinamismo de la personalidad", Editorial Lulú (digital)

"Taller de crecimiento personal: Tu "Yo" y su Sombra", Editorial Lulú (digital)

"Diario íntimo de un psicoterapeuta", Editorial Lulú (digital)

"Freud: las claves del deseo", Editorial Bubok (digital)

Taller de Psicoanálisis y Educación, Editorial Lulú (digital)

Taller de Focusing, Editorial Lulú (digital)

Ejercicios Espirituales y Psicoterapia, Editorial Lulú (digital)

Taller de Psicología Individual. Editorial Lulú (digital)

Taller de Lingüística y Psicología, . Editorial Lulú (digital)

Curso de Introducción a la Psicoterapia Dinámica y Humanística, . Editorial Lulú (digital)

Prácticas psicológicas para conocernos y triunfar, Editorial Lulú (digital)

Test Grafológico (Método de aplicación directa), Editorial Lulú (digital)

La Formación del Psicoterapeuta. Curso de Counseling y Psicoterapia, Editorial Lulú (digital)

Taller de Psicodiagnóstico: La interpretación de las "Manchas de tinta", según el Z-Test, Editorial Lulú (digital)

"Seminario de recursos psicoterapéuticos", Editorial Lulú (digital)

"Taller: Estructura y dinamismo de la personalidad", Editorial Lulú (digital)

"Taller de crecimiento personal: Tu "Yo" y su Sombra", Editorial Lulú (digital)

"Diario íntimo de un psicoterapeuta", Editorial Lulú (digital)

"Freud: las claves del deseo", Editorial Bubok (digital)

Taller de Psicoanálisis y Educación, Editorial Lulú (digital)

Taller de Focusing, Editorial Lulú (digital)

Ejercicios Espirituales y Psicoterapia, Editorial Lulú (digital)

Taller de Psicología Individual. Editorial Lulú (digital)

Taller de Lingüística y Psicología, . Editorial Lulú (digital)

Curso de Introducción a la Psicoterapia Dinámica y Humanística, . Editorial Lulú (digital)

Prácticas psicológicas para conocernos y triunfar,   Editorial Lulú (digital)

Test Grafológico (Método de aplicación directa), Editorial Lulú (digital)

LA FORMACIÓN DEL PSICOTERAPEUTA. Curso de Counseling y Psicoterapia, Editorial Lulú (digital)

Curso-Taller de ANÁLISIS TRANSACCIONAL. Editorial Lulú (digital)

Diario de estío, con hojas del otoño. Editorial Lulú (digital)